FIESTAS

Cinco de mayo

Rebecca Rissman

Heinemann Library
Chicago, Illinois

www.heinemannraintree.com
Visit our website to find out
more information about
Heinemann-Raintree books.

To order:

☎ Phone 888-454-2279

▣ Visit www.heinemannraintree.com
to browse our catalog and order online.

Edited by Adrian Vigliano and Rebecca Rissman
Designed by Ryan Frieson
Picture research by Tracy Cummins
Leveling by Nancy E. Harris
Originated by Capstone Global Library Ltd.
Printed and bound in the United States of America,
North Mankato, MN
Translation into Spanish by DoubleOPublishing Services

15 14 13 12
10 9 8 7 6 5 4 3 2

Library of Congress Cataloging-in-Publication Data
Rissman, Rebecca.
 Cinco de mayo / Rebecca Rissman.
  p. cm.—(Fiestas)
 Includes bibliographical references and index.
 ISBN 978-1-4329-5389-8 (hc)—ISBN 978-1-4329-5408-6 (pb)
 1. Cinco de Mayo (Mexican holiday)—Juvenile literature. 2. Cinco de
Mayo, Battle of, Puebla, Mexico, 1862—Juvenile literature. I. Title.
 F1233.R58 2011
 394.262—dc22   2010034162

032012
006584RP

Acknowledgments
The author and publishers are grateful to the following for permission to
reproduce copyright material: AP Photo/The Daily Times, Dave Watson
p.18; AP Photo/Peter M. Fredin **p.20**; Corbis ©YURI GRIPAS/Reuters **p.5**;
Corbis ©Charles & Josette Lenars **p.15**; Corbis ©Keith Dannemiller **p.19**;
Getty Images/ColorBlind Images **p.4**; Getty Images/Time & Life Pictures
p.6; Getty Images/Apic **pp.10, 23 bottom**; Getty Images/Joe Raedle
pp.17, 23 center; istockphoto ©Aldo Murillo **p.21**; istockphoto ©Leo
Blanchette **p.22**; Library of Congress Prints and Photographs Division
pp.7, 23 top; Shutterstock/trubach **p.8 bottom**; Shutterstock/c. **p.8
center**; Shutterstock/yui **p.8 top**; Shutterstock/Travel Bug **p.16**; The
Bridgeman Art Library International/Felix Francois Barthelemy (1826-80)/
Museo Centrale del Risorgimento, Rome, Italy **p.9**; The Bridgeman Art
Library International/Look and Learn **p.11**; The Bridgeman Art Library
International/Archives Charmet **p.13**; The Bridgeman Art Library
International/Museo Nacional de Historia, Castillo de Chapultepec,
Mexico **p.14**; The Granger Collection, New York **p.12**.

Cover photograph of festival dancers in Mexico reproduced with
permission of Getty Images/Larry Dale Gordon. Back cover photograph
reproduced with permission of Shutterstock/Travel Bug.

Every effort has been made to contact copyright holders of any material
reproduced in this book. Any omissions will be rectified in subsequent
printings if notice is given to the publisher.

Contenido

¿Qué es una fiesta?

Una fiesta es un día especial. Las personas celebran las fiestas.

El Cinco de mayo es una fiesta.

La historia del Cinco de mayo

En el siglo XIX, México era una joven nación. Benito Juárez era su presidente.

México luchó en muchas batallas para obtener su libertad. Esas batallas costaron mucho dinero.

México le había pedido dinero
prestado a España, Francia y los
Estados Unidos.

Napoleón III era el gobernante de Francia. Quería dinero de México. Quería tierras de México.

El ejército francés estaba bien
entrenado. Tenían buenas armas.

El ejército mexicano no estaba bien entrenado. Sus armas eran viejas.

En 1861, los soldados franceses atacaron México. El ejército francés llegó a pelear a una ciudad llamada Puebla.

12

El ejército mexicano libró una
batalla fuerte.

El ejército francés no pudo derrotar al ejército mexicano.

México ganó la batalla de Puebla el
5 de mayo de 1862.

Celebrar el Cinco de mayo

El Cinco de mayo las personas escuchan música.

Se ven desfiles.

Las personas se ponen trajes
especiales y bailan.

El Cinco de mayo se recuerda la victoria de México sobre Francia.

Los símbolos del Cinco de mayo

La bandera mexicana es un símbolo del Cinco de mayo.

Les recuerda a los mexicanos que deben
sentirse agradecidos por su país.

Calendario

El Cinco de mayo es un día importante para México.

Glosario ilustrado

batalla combate grande entre dos o más grupos de personas

desfile grupo de personas que marchan juntas para celebrar algo

arma objeto usado durante un combate para herir a alguien

Índice

Nota a padres y maestros

Antes de leer

Muestre a los niños un mapa de Norteamérica y señale México. Explíqueles que el 5 de mayo de cada año, los mexicanos y muchos méxico-americanos celebran una fiesta. ¿Conocen los niños esta fiesta? ¿Cuáles son sus impresiones? ¿Quizás tengan una experiencia directa de esta fiesta?

Después de leer

Celebre una fiesta del Cinco de mayo. Pida a los niños que hagan flores de papel y banderas mexicanas y decoren con ellas el salón de clases. Lleve a clase varios platos de comida mexicana y una selección de música mexicana. Para mayor diversión, compre o haga una piñata.